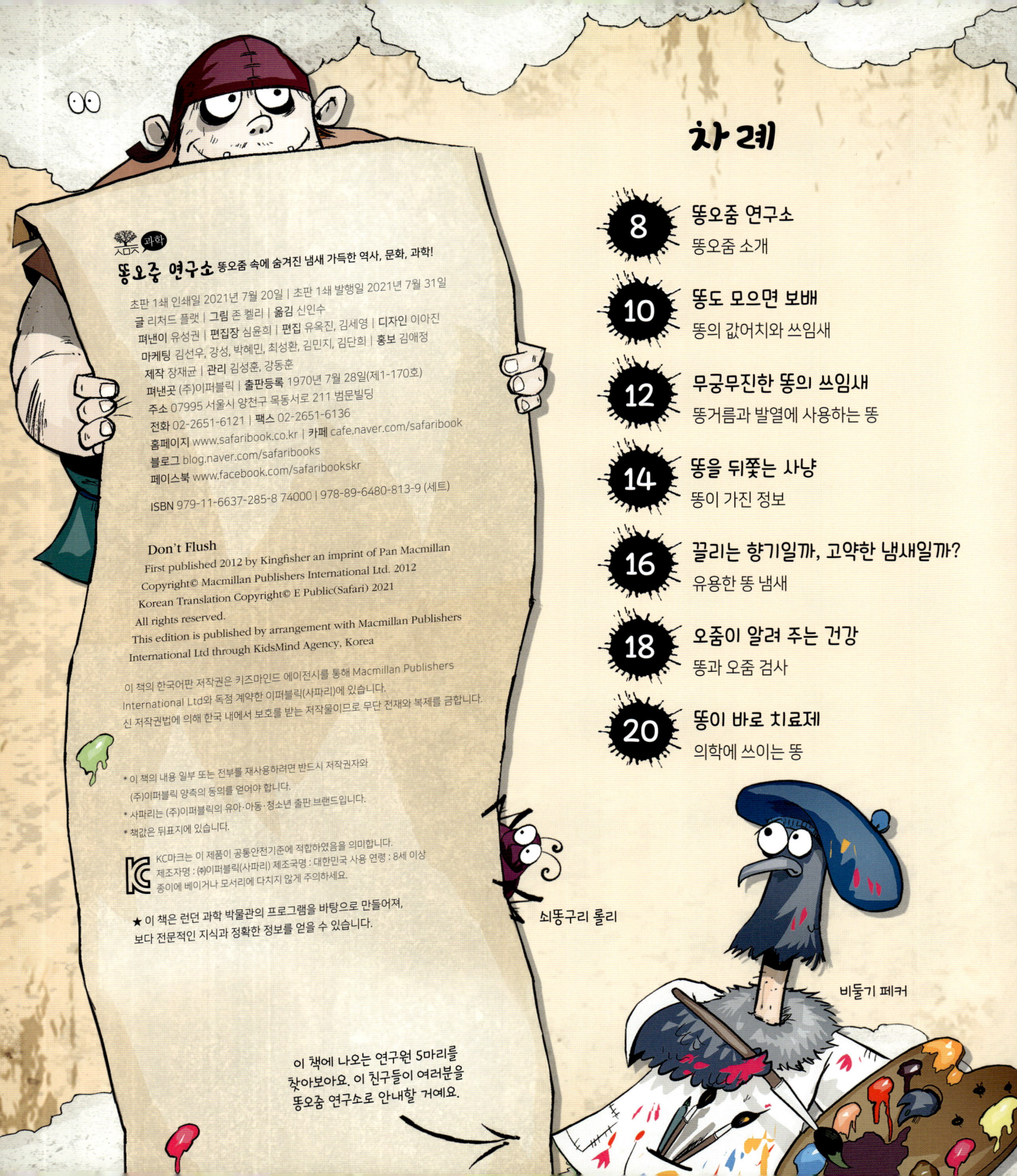

차례

- **8** 똥오줌 연구소
  똥오줌 소개

- **10** 똥도 모으면 보배
  똥의 값어치와 쓰임새

- **12** 무궁무진한 똥의 쓰임새
  똥거름과 발열에 사용하는 똥

- **14** 똥을 뒤쫓는 사냥
  똥이 가진 정보

- **16** 끌리는 향기일까, 고약한 냄새일까?
  유용한 똥 냄새

- **18** 오줌이 알려 주는 건강
  똥과 오줌 검사

- **20** 똥이 바로 치료제
  의학에 쓰이는 똥

똥파리 버즈

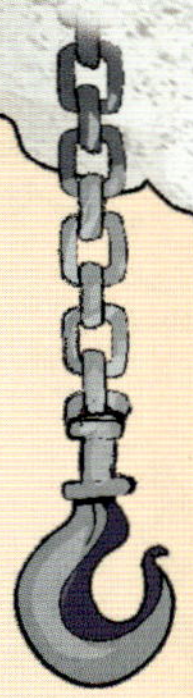

- 22 값어치가 높은 오줌
  옛날의 오줌 이용법
- 24 폭발하는 똥
  똥으로 화약 만들기
- 26 종소리가 뎅뎅 땡땡 똥똥
  똥으로 종 만들기
- 28 똥으로 지은 건축물
  어도비 벽돌 건축
- 30 똥을 이용한 가죽 무두질
  무두질의 역사와 과정
- 32 냄새나는 미용 관리
  똥오줌으로 예뻐지는 법
- 34 똥오줌 뷔페
  똥오줌으로 만든 음식
- 36 똥에 관한 신화와 미신
  신과 행운을 상징하는 똥
- 38 옛날의 똥 화석
  똥 화석의 관찰과 연구
- 40 불타는 똥 연료
  똥 연료의 장단점
- 42 한밤중 가스 폭발
  친환경 바이오가스
- 44 똥으로 만드는 종이
  종이를 만드는 과정
- 46 똥오줌의 예술
  물감과 기계, 책과 조형물 그리고 가면
- 48 우주와 지구의 똥오줌 계획
  똥오줌 재활용
- 50 똥오줌 연구를 위한 단어 풀이
- 52 슬기로운 똥오줌 이야기
- 54 야생 동물들이 남긴 냄새나는 자취

시궁쥐 시드니

킁킁이 개 젱킨스

행운의 부적

여기 좀 둘러볼래요? 똥 또는 오줌으로 만든 상품들이 다 모였어요!

콸콸 뿌지직

중고품 보상 판매!

똥오줌 연구소

잠깐만! 아직 변기 물을 내리지 말아요! 지금부터 똥과 오줌을 새롭게 알아보고 연구해 볼 계획이거든요. 우리가 매일 변기 물로 재빨리 내려보내는 똥오줌이 옛날에는 귀하게 쓰였어요. 사람과 동물의 배설물로 빨래부터 미용, 약, 거름, 폭약과 가죽에 이르기까지 다양한 것을 만들었답니다. 오늘날에도 똥오줌은 먹거리와 집을 만들고, 집을 따뜻하게 할 때 쓰이고 있지요. 자, 그럼 똥오줌이 얼마나 놀라울 만큼 쓸모가 있는지 알아볼까요?

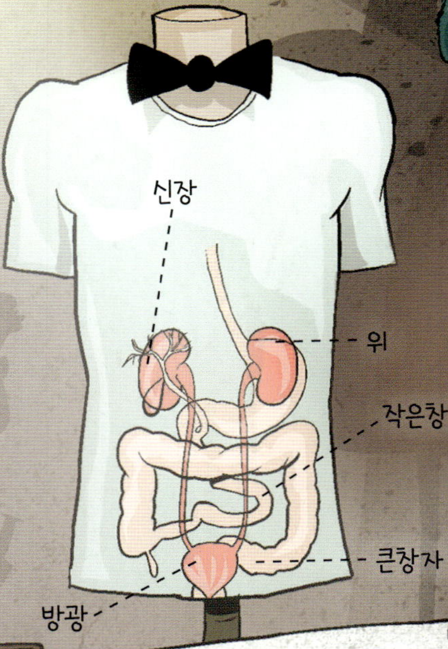

신장
위
작은창자
큰창자
방광

싱싱한 식물을 위해 똥으로 만든 거름

가죽 신발

종

똥오줌이 만들어지는 과정

똥과 오줌은 음식을 소화한 뒤 내보내는 찌꺼기예요. 음식물을 삼키면, 위로 가서 위액과 섞여요. 작은창자에서 질척해진 음식물의 영양분을 흡수하고 큰창자에서 수분을 흡수하면, 단단한 똥이 만들어져요. 그리고 신장에서 혈액 속 찌꺼기를 거르면 오줌이 만들어져 방광에 저장된답니다.

똥도 모으면 보배

하수구에 돈이 있어요! 우리가 변기에서 내려보내는 배설물을 모으면 값진 비료가 되거든요. 똥오줌으로 만든 거름은 밭에서 식물을 쑥쑥 자라게 해요. 그래서 19세기에 화학 비료가 처음 등장하기 전까지는 날이 저물면 똥과 오줌을 함께 이르는 '분뇨'를 열심히 모았지요. 그리고 분뇨 수거인이 도시 하수구와 구덩이에서 똥을 퍼 날라 농장과 시장에 팔았어요. 지금도 몇몇 지역에서는 분뇨를 모아 팔고 있답니다. 화학 비료보다 분뇨로 만든 천연 거름을 쓰려는 농부들이 있거든요.

냄새나는 시장

1519년, 에스파냐 탐험가들은 테노치티틀란(지금의 멕시코시티)에서 분뇨를 파는 시장을 보았어요. 분뇨 시장은 중국과 일본에도 있었는데, 대개 항구 근처라서 배로 날라 팔았지요.

분뇨 수거인

밤 12시가 지나면, 4명이 한 조로 일했어요. '구덩이 담당'이 하수구로 내려가 양동이에 분뇨를 담고, '밧줄 담당'이 양동이를 밧줄로 끌어 올리면, '양동이 담당' 둘이서 양동이의 분뇨를 수레에 비웠지요. 더럽고 고된 일이어서 숙련된 노동자보다 2배로 돈을 받았어요.

똥의 값어치는?

도시의 분뇨가 가장 좋은 거름은 아니었어요. 10세기에 어떤 작가는 비둘기 똥이 거름으로 더 좋다고 주장했지요. 사람 똥 다음으로 값나가는 똥은 당나귀, 염소, 양, 소, 돼지, 말의 똥이었어요. 사람 똥도 값어치가 달랐지요. 18세기 일본에서는 부유한 사무라이의 똥이 가난한 백성의 똥보다 2배나 값비쌌답니다.

무궁무진한 똥의 쓰임새

도시의 거리와 가정집 그리고 마구간에서 거둬들인 똥오줌은 주로 밭에서 농작물을 싱싱하게 쑥쑥 자라게 하는 거름으로 쓰였어요. 똥오줌에는 식물의 성장에 필요한 성분과 흙을 비옥하게 만드는 물질이 있거든요. 사람들은 선사 시대부터 1만 년이 넘도록 똥오줌을 농작물의 거름으로만 써 오다 19세기에 들어서야 더욱 기발하고 다양하게 활용할 수 있다는 사실을 알게 되었답니다.

암모니아와 똥거름

갓 만든 똥거름에는 '암모니아'라는 화합물이 있어서 독성이 강하고 냄새도 고약해요. 몇 개월 정도 썩힌 뒤 뿌리지 않으면 식물의 잎이 누렇게 시들 수도 있지요. 똥이 썩으면 금세 열이 나기 때문에 불이 확 붙지 않도록 거름 더미를 작게 만드는 게 좋아요.

파인애플을 키우는 똥 이불

똥이 썩을 때 내뿜는 열을 이용하면 추운 북유럽에서도 열대 과일인 파인애플을 잘 키울 수 있어요. 파인애플 화분에 썩어 가는 똥거름을 이불처럼 따뜻하게 깔면 열매가 쑥쑥 큰답니다.

따뜻한 똥 부화기

달걀은 보통 어미 닭이 따뜻하게 품거나, 부화기에 넣어야 부화해요. 그런데 어떤 농부들은 비싼 부화기 대신 짚을 꽉 채운 통에 달걀을 넣고, 썩어 가는 똥으로 열을 발생시켜 병아리를 부화시킨답니다!

옥수수와 똥진드기

고대 잉카 제국의 잉카인들은 옥수수 밭에 라마 똥을 거름으로 주었어요. 라마 똥에는 똥진드기들이 득실득실했지요. 고고학자들은 고대 잉카의 중심지인 페루에서 옥수수와 똥진드기의 흔적을 비교했는데 약 2,700년 전의 흙에서 옥수수와 똥진드기의 양이 비슷하게 발견되었어요. 이로써 똥거름을 많이 줄수록 옥수수도 더욱 많이 수확했다는 사실이 증명되었지요.

똥을 먹고 자라는 버섯

사람들은 오랜 옛날부터 숲과 산에서 자라는 야생 버섯을 캐서 즐겨 먹었어요. 그러다 17세기에 프랑스 농부들은 동굴이나 헛간에 똥 더미를 깔아 버섯을 키웠지요. 어둡고 축축한 환경 덕분에 이전보다 버섯을 빨리 거둘 수 있었거든요. 지금도 똥으로 버섯을 키워 파는 식료품 가게가 있답니다.

바이오 고형물

오늘날에는 똥오줌을 더럽게 여겨 거름으로 쓰고 싶어 하지 않아요. 그래서 똥오줌 대신 온갖 하수 오물로 만든 '바이오 고형물'을 비료로 사용하지요. 바이오 고형물은 환경에 해롭지 않아서 미국 백악관의 잔디에도 비료로 사용한답니다.

똥을 뒤쫓는 사냥

똥을 이용하면 야생 동물을 쉽게 뒤쫓을 수 있어요. 동물이 남긴 똥은 발자국만큼 많은 정보를 담고 있거든요. 똥의 크기, 모양, 냄새, 색깔, 질척한 정도, 소화되지 않은 먹이의 종류 등이 모두 귀한 단서가 되지요. 사냥꾼은 이 단서들을 통해 어떤 동물의 똥이고 동물의 몸집은 어느 정도 크기인지, 점심으로 어떤 먹이를 먹었고 똥을 눈 뒤 얼마나 시간이 지났는지 알아내 뒤쫓는답니다.

중세 시대의 사냥

중세(1000~1500년경) 유럽의 왕들은 오락거리로 사냥을 나갔어요. 왕과 귀족 들이 소풍을 즐기는 동안 신분이 낮은 사냥꾼들은 사냥감을 찾으러 다녔지요. 이때 짐승의 똥을 발견하면 소중히 보관했다가 주인에게 갖다 바쳤답니다.

동물 똥 전문 사냥꾼

옛날에는 동물의 똥을 전문으로 다루는 사냥꾼들이 있었어요. 이들은 사냥터에서 동물의 똥을 발견하는 대로 옷에 넣거나 사냥 나팔에 담아, 자신이 모시는 영부인에게 바쳤지요. 귀족은 그 동물의 똥을 받아 꼼꼼히 살펴보고 어떤 동물을 사냥할지 결정했어요.

잠깐, 똥 조심!

동물의 똥은 각종 질병과 기생충을 옮길 수 있어, 조심히 다뤄야 해요. 만약 동물의 똥을 만졌다면 곧장 비누로 손을 깨끗이 씻어야 하지요.

오늘날의 사냥

지금은 끼니를 위해 사냥하는 경우가 거의 없지만 사냥감을 쫓는 기술을 알아 두면 유익하지요. 사냥 금지 구역의 관리인들은 동물의 똥을 추적해 동물이 몰리는 곳으로 관광객을 안내해요. 군인도 외딴 지역에서 생존 기술로 사냥을 배워요.

멸종 위기 동물 찾기

희귀 동물이나 야산에서 좀처럼 만나기 힘든 동물들은 똥을 추적해서 동물의 개체 수를 세요. 북대서양에는 400마리가 채 안 되는 긴수염고래가 살고 있어요. 탐지견이 배 위에서 고래의 똥 냄새를 맡으면, 생물학자가 고래를 찾아 건강 상태를 확인해요.

어떤 동물의 똥일까?

우리 집 앞에 똥을 누고 간 네발 달린 손님을 찾을 수 있을까요? 동물도감을 보면 정체가 드러나겠지만, 직접 똥을 살피는 게 가장 확실한 방법이에요. 왼쪽 사진은 실제 동물의 똥과 똑같이 만든 모형들이에요. 이 플라스틱 모형으로 똥 냄새를 구분할 순 없지만, 실제 똥과 나란히 두고 모양새를 비교하면 어떤 동물인지 알 수 있을 거예요.

거위 · 코요테 · 토끼 · 쥐

끌리는 향기일까, 고약한 냄새일까?

동물의 세계에서 똥오줌 냄새는 재빨리 정답을 알아 맞혀야 하는 TV 프로그램의 퀴즈와도 같아요. 동물들은 뛰어난 후각으로 똥오줌 냄새를 맡아 위험한 적이나 짝짓기 상대를 알아채거든요. 자신보다 훨씬 크거나 사나운 동물의 똥 냄새를 맡으면 도망치지만, 가까운 곳에서 끌리는 짝의 냄새를 맡으면 그리로 다가가지요. 인간도 동물들로부터 향기로 짝을 끌어들이고, 악취로 적을 피하는 방법을 배워 향수와 모깃불 등을 만들었어요.

짝을 부르는 향기

배고픈 파리에게 방금 눈 똥 냄새는 '모락모락 김이 나는 식사가 차려졌다!'는 신호예요. 대개 포유류의 장과 방광에는 냄새샘이 있지요. 동물은 짝짓기할 시기에 페로몬 물질을 냄새샘에서 분비하며 짝짓기 상대를 유혹한답니다.

고양이를 겁주는 똥 냄새

고양이가 마음만 먹으면, 주인이 파헤쳐진 정원 흙을 덮는 속도보다 훨씬 빨리 흙을 파헤칠 수 있어요. 이때 주인이 정원을 지키려면 고양이가 무서워하는 천적인 사자의 도움을 받으면 된답니다. '사일런트 로어(Silent Roar)'라는 고양이 퇴치제에는 사자의 똥오줌에서 뽑아낸 성분이 있어요. 고양이가 이 냄새를 맡으면 위험을 느껴 달아나지요.

똥으로 위장하기

동물은 인간이 아무리 깨끗이 씻어도 강한 냄새를 느껴요. 특히 야생 동물에게 다가가려면 지저분하게 위장하는 편이 좋지요. 19세기, 아프리카코끼리 사냥꾼들은 온몸에 코끼리의 똥을 발라 같은 냄새를 풍기며 코끼리 무리에 들키지 않고 다가가 코끼리를 잡았지요.

똥에 불붙이는 모깃불

벌레를 쫓는 화학 물질이 발명되기 한참 전에는 똥으로 깔따구와 모기를 쫓았어요. 아메리카 원주민 중국과 이집트 사람들은 작은 해충이 귀찮게 굴면 똥에 불을 붙여 쫓았지요. 유럽의 탐험가들도 이 방법을 본떠서 똥에 불을 붙여 모깃불을 피웠어요.

냄새로 영역 표시

개는 산책하면서 계속 냄새를 맡고 다녀요. 개들이 산책하다 다리를 들고 오줌을 누는 건 자신이 그 영역의 대장이라는 표시를 남기는 거예요. 다른 개들은 그 영역을 피해 가지요. 그리고 다른 곳으로 가서 자신의 똥오줌으로 표시를 남겨요.

오줌으로 순록 치기

한때 캐나다, 알래스카, 시베리아 등에서는 눈밭에 오줌을 누어 야생 순록을 길들였어요. 오줌 냄새를 맡고 몰려온 순록들이 짭짤한 오줌 맛을 즐기는 동안 주변에 긴 줄을 둘러 순록들을 몰아넣었거든요. 하지만 덩치 큰 순록이 갑자기 달려들 수도 있어서 조심해야 했어요.

오줌이 알려 주는 건강

상한 새우를 먹어 식중독에 걸리면 병원에 가서 치료해야 하니 조심해야 해요. 식중독은 상하거나 해로운 음식을 먹었을 때 배가 아픈 병이에요. 그래서 배앓이와 구토, 설사 등을 일으켜 화장실을 자주 들락거리게 되지요. 이런 증상들은 우리 몸이 아프고 힘들다는 걸 똥과 오줌으로 보내는 신호예요. 중세 시대의 의사들은 소변 검사와 점성술을 결합해 어림짐작으로 진단을 내렸어요. 오늘날에는 과학적인 소변 검사로 몸의 건강 상태를 정확하게 알아낸답니다.

오줌 대조표

옛날에는 의사가 아래 그림처럼 오줌의 색깔을 나타낸 표와 실제 오줌을 대조해, 환자의 건강 상태를 진단했어요. "오줌이 불그레하고, 진하고, 부연 것으로 보아 몸 윗부분에 응혈이 있군요."라는 식으로요. 치료법은 오줌 색깔에 상관없이 대개 정맥을 잘라 피를 뽑아내는 것이었지요.

소변 검사

오줌을 살펴보면 몸의 상태를 알 수 있어요. 오줌의 색깔과 냄새가 변하면 뭔가 몸에 질병이 생겼을 가능성이 높지요. 오줌에 피가 섞여 나오면 신장 결석(오줌 속의 물질들이 돌처럼 굳어서 생기는 질병)을 의심해야 해요. 오줌에 거품이 생기면 신장의 기능이 나빠졌다는 신호이고, 단내가 나면 당뇨병에 걸렸다는 뜻이에요. 그 밖에도 방광염, 황달, 갑상선 질환 같은 다양한 질병과 임신 여부 등도 정밀한 소변 검사로 진단할 수 있답니다.

똥이 바로 치료제

고대 이집트 의사들은 똥을 약으로 썼어요. 사자, 가젤, 집파리, 타조, 악어를 비롯한 여러 동물의 똥으로 알약을 만들었지요. 이러한 처방은 대부분 효과가 없었지만 그때부터 똥과 오줌이 민간요법에 쓰이기 시작했어요. 똥은 현대 의학에서도 쓰이고 있어요. 내과 의사가 어떤 치료법도 잘 듣지 않는 내장 질환을 고치기 위해 남의 똥을 이식하는 경우도 있거든요.

오줌 상처 소독제

멕시코 고대 부족인 아즈텍의 전사들은 칼에 찔린 상처를 오줌으로 씻어 냈어요. 건강한 사람의 오줌에는 병균이 거의 없어, 웅덩이에 고인 오염된 흙탕물보다는 훨씬 안전하기 때문이지요. 오늘날에도 일부 군인들은 비상시에 오줌으로 상처를 소독하는 훈련을 받는답니다.

고대 이집트의 처방전

약 3500년 전, 고대 이집트의 의학은 세계 최고였어요. 하지만 의사들은 질병이 생기는 이유를 몰랐지요. 그저 악마가 병을 일으킨다고 여겼어요. 그래서 환자의 몸에서 악마를 끌어내기 위해 처방전에 똥을 넣었답니다.

값어치가 높은 오줌

비누가 없다고요? 그럼 오줌으로 씻어 봐요! 오줌에는 암모니아가 있어, 세제처럼 기름때를 닦아 내거든요. 그래서 비누가 발명되기 전에는 빨랫감을 오줌이 든 양동이에 먼저 담가 뒀어요. 약 2000년 전, 고대 로마에서는 오줌을 귀하게 여겨 공중화장실의 오줌까지 모았지요. 심지어 오줌에 세금까지 매겼답니다. 빨래와 염색, 여러 화학 처리에 쓰이는 오줌이 팔릴 때마다 로마 정부에서 판매금의 일부를 챙긴 셈이지요.

오줌을 모으는 단지

고대 로마의 도시에는 거리 모퉁이마다 남자들이 오줌을 누는 단지가 있었어요. 키가 작은 남자도 편히 쓸 수 있도록 단지의 목이 짧았기 때문에 '돌리아 쿠르타(입구가 짧은 단지)'라고 불렀지요. 단지에 오줌이 가득 차면 노예들이 가져갔어요.

인디고 염색

인디고는 쪽풀에서 얻는 아름다운 파란빛의 천연 염료예요. 물에는 녹지 않지만 오줌에 풀면 녹아서 느란색으로 바뀌지요. 인디고를 오줌 단지에 넣고 발효한 다음 흰 천을 담갔다 꺼내면 인디고와 공기가 반응해 화사한 파란색이 나타난답니다.

빨래터로 간 오줌

고대 로마의 돌리아 쿠르타에 가득 모인 오줌은 천을 염색하고 다듬는 빨래터에서도 쓰였어요. 천을 가공하거나 로마 시민이 입는 토가 등의 옷을 세탁할 때 많은 오줌이 필요했거든요. 커다란 나무통에 빨랫감을 넣고, 오줌과 물을 가득 채운 뒤 발로 팍팍 밟아 빨았답니다.

뱃사람들의 빨래

바닷물에는 비누가 잘 풀리지 않아요. 그래서 뱃사람들은 배를 타는 동안에 '선실 잿물'(오줌을 점잖게 일컫는 말)을 모아 두었다가 빨랫감을 담가 빨았어요. 그다음 빨래를 헹굴 때만 귀한 식수나 빗물을 썼지요. 바닷물에 헹구면 옷이 잘 마르지 않았거든요.

지린내 나는 세금

1세기, 로마 황제 베스파시아누스는 오줌에 세금을 매기기로 했어요. 그의 아들 티투스가 구역질 난다고 투덜대자 황제가 금화 한 닢을 던지며 물었어요. "이 돈에도 냄새가 나느냐?"

지린내 나는 일

당시 오줌 빨래는 모두 노예들 차지였어요. 오줌 물이 담긴 통에 들어가 빨랫감을 밟고 맑은 물이 나올 때까지 헹궜지요. 지린내 나는 토가를 입을 사람은 없으니까요!

폭발하는 똥

구린 냄새를 풍기는 누리끼리한 덩어리인데, 손목을 날릴 수도 있는 것은 과연 무엇일까요? 섬뜩한 농담처럼 들리겠지만 16세기 유럽에서는 똥이 폭발해 목숨을 잃기도 했어요. 당시 전쟁에서는 활과 화살 대신 총을 쏘기 시작했는데 총에 넣을 화약은 구하기가 어렵고 값도 비쌌지요. 그래서 대신 가까운 곳의 똥구덩이를 팠답니다!

초석(질산 칼륨)이라는 화약 재료는 농가의 안마당, 닭장, 가축우리 등의 질펀한 흙바닥에서 주로 얻었어요.

귀한 초석 가루

화약이 폭발하려면 화약을 태우는 연료와 많은 양의 산소를 공급하는 산화제가 필요해요. 산화제는 똥과 오줌에 있는 천연 물질인 초석(질산 칼륨)이에요. 초석을 만드는 과정은 꽤 어려웠어요. 먼저 똥 더미 위에 오줌을 붓고, 표면에 흰색 결정이 생길 때까지 몇 달 동안 놓아두어요. 결정이 생기면 핥아 맛을 확인해요. 제대로 숙성된 초석은 청량한 맛과 짠맛이 났거든요. 나무를 태운 잿물에 잘 익은 초석 결정을 섞고 순수 물질만 걸러 팔팔 끓이고 졸인 뒤 햇볕에 말려야 초석을 얻을 수 있답니다.

1580년에 초석 만드는 방법을 보여 주는 그림이에요. 기다란 7개의 더미가 바로 똥이에요. 저렇게 많은 양의 똥으로도 아주 적은 양의 초석만 얻을 수 있었어요.

화약을 만드는 비법

초석만으로는 화약이 빵 하고 터지지 않아요. 화약을 만들려면 초석과 까만 숯 그리고 노란색 화학 물질인 황을 섞어야 하지요. 화약을 만드는 일은 아주 위험했기 때문에 3가지 원료들을 각각 따로 곱게 갈아 두었어요. 그리고 화약을 세게 폭발시키기 위해 3가지 물질의 양을 조절하며 일정한 비율에 맞춰 고루 섞었지요. 화약이 완성되면 불이 붙지 않게 조심히 보관하고 운반했어요. 화약을 다룰 때는 불꽃을 일으키는 쇠 대신 구리 또는 나무로 만든 도구를 썼지요. 또 바닥에 가죽을 깔거나 특수 제작한 신발을 신기도 했지 만 화약 폭발 사고가 자주 일어났답니다.

최상급 화약의 정확한 배합 비율

숯 3조각
황 2조각
초석 15조각

초석장이

'왕의 초석장이'로 불린 관리들은 화약 제조에 필요한 똥을 모으러 어디든 다녔어요. 초석장이에게는 마구간처럼 똥이 쌓인 곳에서 똥 더미를 거둬 갈 특별한 권한이 법으로 주어졌거든요. 초석장이는 사람들에게 미움을 받았어요. 농작물을 키우는 데 필요한 똥거름을 잔뜩 가져가고, 마룻바닥까지 뜯어 똥을 푸고는 원래대로 고쳐 놓지 않았거든요.

왼쪽 사진은 남북 전쟁 당시, 미국 남부에 위치한 앨라배마주 셀마 지역에서 사용했던 오줌 단지예요. 당시 여성들은 적군인 북부 장교의 얼굴이 그려진 이 단지에 오줌을 누었다고 해요.

남북 전쟁 당시, 화약에 쓰인 오줌

미국 남북 전쟁 당시, 남부 지방의 여러 주에서 화약이 떨어졌어요. 그러자 1862년, 앨라배마주에서 어떤 장교가 지역 신문에 광고를 냈지요. "셀마 지역의 숙녀께서는 초석을 만드는 데 필요하니…, 방에서 나오는 잿물(오줌)을 모두 보관해 주시길 부탁드립니다. 잿물을 거둬 갈 큰 통을 마차로 보내겠습니다." 이 광고는 큰 웃음을 주었지요.

종소리가 댕댕 땡땡 똥똥

누런색에 냄새가 나고, 땡땡 종소리를 내는 데 필요한 것은 무엇일까요? 답은 '똥'이에요. 놀랍게도 종을 주조(녹인 쇳물을 거푸집에 부어 모양을 만드는 일)할 때 똥은 가장 중요한 역할을 하지요. 똥과 오줌은 종 외에도 여러 물건을 만들 때 유용하게 쓰였어요. 약 900년 전, 바이킹의 대장장이는 최고의 칼을 만들 때 거위 똥을 사용했지요. 오늘날에도 독특한 검은빛으로 유명한 인도의 비드리 금속 공예품을 만들 땐 비다르 요새에서 가져온 오줌에 찌든 흙으로 마무리한답니다.

거푸집 만들기
종을 주조할 때 필요한 거푸집은 똥과 찰흙, 모래와 염소 털을 섞은 흙으로 만들어요. 이 흙으로 거푸집의 안쪽 틀과 바깥 틀, 이렇게 2개의 모양을 완성했지요.

완벽한 종 만들기
종을 주조하려면 먼저 금속을 900℃에서 녹여 액체로 만든 뒤, 종 모양의 거푸집에 부어야 해요. 종을 만들 때 가장 노련한 솜씨와 기술이 필요한 건 바로 금속 액체를 거푸집에 붓는 단계랍니다.

거푸집 속 똥의 기능
뜨거운 금속 액체를 거푸집에 부으면 열이 발생해 거푸집에 들어 있는 똥이 타 버려요. 똥이 타면서 거푸집에 아주 작은 구멍이 생기는데 고온에 의해 팽창한 공기가 그 구멍을 통해 빠져나가지요. 똥 덕분에 거푸집이 뜨거운 열을 받아도 쩍 갈라지지 않는답니다.

말똥 거름 　 염소 털 　 모래

검의 전설

바이킹 전설에 최고의 검 '미문그르'에 관한 이야기가 있어요. 한 대장장이가 부실하게 만들어진 검을 부수어 부스러기를 거위들에게 먹인 뒤, 그 거위들의 똥과 금속을 녹인 액체를 섞어 미문그르를 주조했지요. 과학자들은 거위 똥 속 물질이 검을 단단하게 했을 거라 추측해요.

다마스쿠스 검의 비밀

중세의 대장장이는 시뻘겋게 달군 금속을 물 또는 오줌에 담가 식히면서 담금질했어요. 당시에는 다마스쿠스(현재 시리아의 수도)의 검이 최고였지요. 대장장이들은 검의 비법을 숨기려고 빨간 머리 남자 아이들의 오줌만 썼다는 소문을 냈답니다.

비드리 금속 공예품

인도 비다르 요새의 거름흙으로 비드리 금속 공예품을 만들어요. 수 세기 동안 방문객이 요새의 으슥한 곳에 오줌을 누고 간 흙에는 화학 성분이 풍부해요. 이 흙을 금속 공예품의 표면에 입히면 금세 검은빛이 돌지요.

자유의 종

미국의 '자유의 종'은 독립 선언을 알린 세계에서 가장 유명한 종이에요. 런던에 있는 '화이트채플 주조소'에서 만들어져 멀리 필라델피아로 옮겨졌지요. 그런데 처음 치는 순간, 종에 금이 쫙 가 버리고 말았어요. 그럼에도 자유의 종은 역사적으로 중요한 사건이 있을 때마다 종을 울렸지요. 그리고 오늘날까지 그 어떤 멀쩡한 종보다 유명하답니다.

녹인 금속을 거푸집에 부어요.

똥으로 지은 건축물

덥고 건조한 지역 가운데 어떤 곳에서는 건물을 지을 때 똥을 써요. 똥으로 지붕을 얹으면 열을 막아 주기 때문이에요. 세계 최초의 진흙 벽돌인 '어도비'를 만드는 데 꼭 필요한 원료도 똥이었어요. 고대 바빌론의 이름난 성벽을 비롯해, 고대의 거대한 건축물들은 어도비 벽돌로 세워져 2,500년이 지난 지금까지 지탱해 오고 있지요. 오늘날에도 낮에는 덥지 않게 뜨거운 태양열을 막고, 밤에는 찬 기온을 막아 주는 집을 지을 때 어도비 벽돌이 쓰이고 있답니다.

어도비 벽돌의 비법

어도비의 주재료는 물론 진흙이에요. 그런데 진흙은 마르면서 갈라지기 때문에 동물의 똥과 모래와 짚을 함께 섞었어요. 이렇게 하면 소화가 덜 된 똥 속의 식물 섬유질 덕분에 벽돌이 갈라지지 않았지요. 그리고 똥을 섞으면 진흙이 부드러워져서 모양을 만들기가 쉬웠답니다.

어도비 벽돌 쌓는 법

어도비 벽돌을 쌓을 때는 같은 성분의 진흙으로 벽돌끼리 단단히 붙였어요. 어도비 벽돌로 쌓은 벽은 튼튼하지만 비가 내리면 빗물이 벽돌에 스며들어 쉽게 허물어져요. 그래서 비가 내려도 벽이 무너지지 않게 지붕의 바깥 부분에 짚이나 철판을 올렸답니다.

진흙으로 모양 뜨기

진흙 벽돌을 만들려면 나무틀에 진흙을 넣고 모양을 떠야 해요. 손수 하나씩 본떠야 해서 손이 많이 가고 시간도 꽤 걸리는 데다 힘들지요. 새로 뜬 벽돌은 약 사흘 동안 바싹 말려, 단단히 굳을 때까지 한 달 동안 쌓아 놓았다 사용해요.

고대 시밤의 고층 건물

세계 최초의 고층 건물은 어도비 벽돌로 세워졌어요. 이 어도비 건물은 아라비아 예멘의 도시인 시밤에 500채 정도 남아 있지요. 그 가운데 가장 높은 건물은 약 30m에 달해요. 당시 시밤에서는 자꾸 전쟁을 벌이는 이웃 도시로부터 방어하기 위해 집을 위쪽으로 높게 지었어요.

어도비 건물의 똥 반죽

어도비 벽돌로 건물을 지을 때 빗물이 벽의 갈라진 틈으로 스며들지 않도록 똥을 섞은 진흙 반죽을 틈새에 채워 마무리했어요. 어떤 건축가들은 말의 오줌을 섞으면 건물이 무너지지 않을 거라고 믿었지요. 말도 웃을 말이지요?

북유럽 건축물의 방수 재료

습도가 높은 북유럽에서도 똥을 건축 재료로 썼어요. 먼저 똥과 진흙을 섞어 누런색의 걸쭉한 반죽을 만든 다음 나뭇가지를 엮어 전통 목재 건축물의 외벽을 세웠지요. 그 위에 진흙 반죽을 바르면 물기가 스며들지 않았답니다.

고대 이집트 무덤 벽화의 기록

고대 이집트의 무덤 벽화에는 흙을 반죽해 벽돌을 본뜨는 당시의 모습이 그려져 있어요. 또 벽돌을 만드는 일꾼들의 일상에 대한 글도 적혀 있지요. '일꾼들이 벌거벗은 채로 똥오줌을 반죽해 벽돌을 만들고, 손을 씻지 않고 밥을 먹는다.'라고 말이에요.

29

똥을 이용한 가죽 무두질

19세기에는 무두질(생가죽을 매만져 부드럽게 만드는 일)을 할 때 시력이 나빠도 괜찮았어요. 코로 냄새만 맡을 수 있으면 되었지요. 질긴 동물의 생가죽을 일상 생활용 가죽으로 만들려면 냄새나는 특별한 재료인 개똥이 꼭 필요했어요. 개똥에는 가죽을 부드럽고 매끈하게 하는 박테리아가 풍부했거든요. 그래서 '개똥 사냥꾼'이 도시 거리에서 개똥을 모았어요.

개똥 사냥꾼

1850년대 영국 런던에서 개똥을 모으는 일은 꽤 괜찮은 직업이었어요! 넝마주이보다 형편이 훨씬 나았으니까요. 무두장이는 개똥 한 양동이에 1실링(오늘날 5펜스)을 쳐 줬어요. 큼직한 빵 3덩이를 살 수 있는 돈이었지요.

생가죽을 알칼리 똥물에 담그기

무두장이가 부드러운 최고급 가죽을 만들려면 알칼리 똥물이 꼭 필요했어요. 먼저 큰 통에 물을 담고 개똥을 풀어 넣은 뒤 발로 자분자분 짓이겨 알칼리 똥물을 만들었지요. 그다음 동물의 생가죽을 알칼리 똥물에 푹 담가 뒤섞은 뒤 몇 시간 동안 발로 밟았어요.

개들의 저녁 식사

개똥은 길거리가 아닌 곳에서도 구할 수 있었어요. 무두장이가 직접 개들을 키우거나 개를 많이 키우는 사육장에서 얻기도 했지요. 개들은 주인을 위해 열심히 일했어요. 매일 똥을 주었을 뿐 아니라, 동물의 생가죽에 덕지덕지 남아 있는 비계와 살점을 말끔히 먹어 치워 무두질하기 쉽게 해 주었거든요.

무두질의 시작

본격적으로 무두질에 들어가려면 그 전에 쓸모없는 털을 없애야 해요. 끝이 휘고 둔툭한 칼로 거친 생가죽을 긁은 뒤 알칼리 똥물에 담그지요.

이누이트의 무두질

추운 북극해 부근에 사는 이누이트족은 겨울에 모아 둔 오줌으로 동물 생가죽을 무두질했어요. 또 아메리카 원주민들도 오줌을 쓰거나 때로는 동물의 뇌를 으깬 뒤 오줌에 섞어서 무두질하기도 했지요. 뇌의 지방이 생가죽을 연하고 부드럽게 펴 주었거든요.

값어치 높은 흰 똥

흰 똥으로 무두질하면 가죽에 얼룩이 남지 않았어요. 그래서 흰 똥의 값어치가 더 높았지요. 몇몇 양심 없는 개똥 사냥꾼은 하얀 분필 가루에 누런 똥을 굴려서 흰 똥인 것처럼 속여 팔기도 했어요.

최종 품질 검사

무두장이는 알칼리 똥물에 담가 둔 가죽을 건져 몇 번이나 헹궈 냈어요. 하지만 아무리 헹궈도 똥오줌 냄새가 사라지지 않는 경우도 있었지요. 그래서 가죽 상인들은 가죽을 살짝 핥거나 냄새를 맡아 품질을 검사했어요. 이 방식은 19세기 후반에 접어들어 화학 약품으로 무두질하기 시작하면서 점차 사라졌지요.

냄새나는 미용 관리

여러분은 미용을 위해 온몸에 똥과 오줌을 듬뿍 바를 수 있나요? 많은 사람들이 그렇다고 할 거예요! 예뻐진다면 뭘 마다하겠어요. 옛날부터 피부와 머리카락에 관한 미용 제품은 똥오줌과 관련이 있었어요. 피부를 맑게 가꾸거나 머리카락을 곱고 풍성하게 기를 때 그리고 심지어 제모할 때도 똥과 오줌을 썼지요. 오늘날에도 몇몇 화장품에는 오줌 성분인 요소와 암모니아가 들어 있답니다.

악어 똥 피부 미용

1세기 무렵, 그리스의 약사 디오스코리데스는 약학 저서에 '혈색이 돌고 빛이 나는 얼굴'로 가꿔 주는 악어 똥 크림을 추천해 주었어요. 그리고 쌀을 먹여 키운 찌르레기의 똥으로 만든 크림은 가짜라며 주의를 덧붙였지요.

최근 일본에서는 게이샤처럼 하얗고 고운 피부를 가꿔 준다며 나이팅게일 똥으로 만든 크림을 팔았답니다.

오줌 금발 염색

16세기, 이탈리아의 베네치아 여성들은 금발을 아름답다고 여겨 부러워했어요. 그래서 레몬즙에 오줌을 섞어서 묵혀 둔 '비온다' 염색약을 만들어 머리에 발랐지요. 넓은 모자챙을 잘라 얼굴이 그을리지 않게 가린 뒤 햇볕을 충분히 쪼이면 햇볕에 반응해 머리색이 옅어졌어요. 비온다 염색약이 탈색제 역할을 한 거예요.

개똥 손톱 관리

17세기, 독일의 의사인 요한 베커가 유명한 미용 저서를 남겼어요. 그 책에는 '비소'와 '개똥'을 섞어 손톱에 바르면 반짝반짝 윤난다고 적혀 있지요.

고래 똥 향수

용연향은 향유고래의 똥이에요. 적은 양으로도 독특한 향을 풍겨, 고급 향수 재료로 쓰여요. 이 똥은 말랑하고 끈적이는 잿빛 덩어리로 바다에 떠다니다 해안으로 밀려오는데, 금만큼이나 값비싸고 귀하지요.

쥐똥 콧수염 발모제

18세기, 독일 남자들은 긴 수염으로 멋을 냈어요. 그래서 수염의 숱을 늘리거나 수염을 길게 기르려고 코 밑에 쥐똥을 발랐지요. 또, 비듬 치료에도 쥐똥을 썼답니다.

미용 원료로 가득한 요강

옛날에는 비둘기, 당나귀, 낙타, 소, 참새, 쥐, 고양이, 토끼, 염소 등의 동물에게서 머릿결과 피부 미용에 쓰이는 각종 원료를 얻었어요. 물론 사람의 오줌도 인기가 많았지요. 오줌 가득한 요강은 집 안에서 쉽게 구할 수 있었거든요.

이누이트 전통 오줌 문신

옛날, 이누이트 사람들은 오줌에 검댕을 섞은 먹물로 문신했어요. 바늘에 꿴 실을 오줌 먹물에 적신 뒤, 바늘을 피부에 찔러 피부 밑으로 실을 통과시켰지요. 오줌에 있는 천연 화학 물질인 요소가 문신을 새길 때 피부의 세균 감염을 막아서 그랬을 거예요.

인도 음료
'가울로카 페야'는 순수한 소의 오줌을 증류해 물과 허브를 섞어 만든 인도의 청량음료예요. 이 음료에 오렌지, 장미, 레몬 등의 다양한 향미를 곁들이지요. 힌두교 단체들은 일반 음료와 똑같고, 아주 적은 양의 오줌을 섞어 부작용은 없다고 주장해요. 하지만 많은 의사들은 이 의견에 절대 동의하지 않는답니다.

똥오줌 뷔페

똥오줌이 점심으로 나온다면 어떨까요? 웩! 생각만 해도 구역질이 난다고요? 하지만 세계에서 높은 평가를 받는 희귀한 음식들은 똥을 재료로 독특한 맛을 내는 경우가 많아요. 오줌을 마시는 일은 훨씬 흔하고요. 사실, 지금 여러분이 매일 마시는 수돗물에도 아주 적은 양의 오줌 성분이 녹아 있을걸요. 그뿐만이 아니랍니다. 자기 오줌을 컵에 받아 벌컥벌컥 마시며 병을 치료하려는 사람도 있어요. 여러분은 얼음도 띄워 마시겠다고요? 맙소사!

아이슬란드 양고기
아이슬란드에서는 겨울이 오면 자작나무와 양의 똥으로 불을 피워서 항기키외트(매달아 놓은 고기)라는 훈제 양고기를 먹어요. 크리스마스 특별 요리로 인기 만점이랍니다.

인도네시아 커피
'코피 루왁'은 세계에서 가장 비싼 커피로 꼽혀요. 사향고양이가 커피 열매를 먹으면, 장 속 화학 물질을 거치면서 열매의 쓴맛이 사라지고 독특한 향이 생겨요. 사향고양이의 똥에 섞인 커피콩을 모아서 깨끗이 씻어 말리고 볶아 뽑아낸 커피랍니다.

건강 오줌 음료

사람의 몸에서 막 나온, 적은 양의 오줌은 해롭지 않고 마셔도 안전하대요. 인도 전통 의학인 아유르베다에서는 오줌을 약으로 쓰기도 했고요. 건강을 위해 오줌을 마신 사람들의 얘기로는 오줌이 차가울 때 더 맛나다고 합니다. 모두 잔을 들어, 짠!

물의 재활용

나미비아를 비롯한 아프리카에서는 오줌이 포함된 도시 하수를 재활용해 수돗물을 공급해요. 수돗물을 그대로 마실 수 있는 나라는 한국, 일본, 북미, 뉴질랜드, 유럽 일부처럼 상수도로 수돗물을 공급하는 나라들이지요.

프랑스 전통 차

'쇼콜라 앙브레'는 향유고래의 똥인 용연향 가루를 넣어 따뜻하게 마시는 프랑스의 전통 차예요. 용연향은 고급스러운 향을 내는 아주 비싼 원료지요.

아메리카 원주민 간식

18세기, 미국 캘리포니아 원주민들은 용과(피타야)라는 선인장 열매를 먹었는데, 작은 씨를 소화하지 못할 때가 많았어요. 똥으로 나온 열매의 씨앗들을 골라내 깨끗이 씻은 뒤 볶고 갈아 맛있게 먹었답니다.

모로코 오일

모로코 염소는 아르간 나무에 올라가 열매를 먹어요. 이때, 씨는 소화되지 못하고 똥으로 나오지요. 목동은 똥 속의 씨를 모아서 으깬 뒤 향미와 약효가 뛰어난 아르간 오일을 짜요. 요리 향신료나 오일 화장품으로 잘 팔리지요.

똥에 관한 신화와 미신

똥의 신비한 힘에 대해 알고 있나요? 먼 옛날에는 똥이 행운을 가져다준다고 여겨 똥의 신을 숭배했어요. 더욱 많은 농작물을 키워서 잘 거두려면 똥과 오줌으로 흙을 비옥하게 해야 곡식과 채소가 잘 자라 굶주린 배를 채울 수 있었으니까요. 오늘날에는 똥을 숭배하는 전통문화가 거의 사라졌어요. 그래도 사람들은 이따금 똥 꿈을 꾸면 '좋은 일이 생기려나?' 하고 생각한답니다.

똥거름의 신, 스테르쿠티우스
고대 로마에서 섬겼던 똥의 신으로, 거름을 땅에 쓰는 방법을 인간에게 알려 주었어요. '똥'을 뜻하는 라틴어 '스테르쿠스(stercus)'에서 '스테르쿠티우스'라는 이름이 생겨났답니다.

고대 이집트의 쇠똥구리
고대 이집트에서는 까만 쇠똥구리를 숭배했어요. 똥을 굴리는 쇠똥구리의 모습이 태양신 '라'가 날마다 하늘을 가로질러 태양을 굴리는 것처럼 보였기 때문이지요. 쇠똥구리를 태양신 라의 여러 모습 가운데 하나로 여겼어요.

하수구의 신, 클로아키나
로마 시대의 동전에는 하수구의 신 클로아키나의 모습이 새겨져 있어요. 성지는 클로아키나가 수호하는 대하수도인 '클로아카 막시마' 옆에 있었지요. 로마의 오물은 클로아카 막시마 대하수도를 지나 테베레강으로 흘렀어요.

행운의 똥 꿈
예로부터 사람들은 똥 꿈을 꾸면 뜻밖의 재물을 얻는다고 믿었어요. 큰 행운이 다가올 좋은 징조로 여긴답니다. 똥 꿈을 좋은 꿈이라 여기게 된 건 농사가 중요하던 시대에는 똥이 중요한 자원이었기 때문이랍니다.

양의 똥으로 점치는 쿠말락

카자흐스탄에는 '쿠말락'이라는 전통 점술이 있어요. 쿠말락은 '양의 똥'을 뜻하지요. 바둑판무늬의 천 위에 말린 쿠말락 41개를 뿌려서 그 모양을 보고 해석해 마을 사람들의 앞날을 내다보았지요. 아쉽게도 오늘날에는 진짜 양의 똥 대신 장난감 동전이나 구슬로 점친다고 해요.

소똥으로 기리는 카마데누

소를 성스럽게 여기는 힌두교에서 카마데누는 어떤 소원이든 들어주는 소의 신이자 어머니예요. 인도에서는 매년 1월에 열리는 추수 감사 축제 때 여성들이 소똥을 화려하게 장식한 '고베말루'로 카마데누를 기리지요.

황금빛 똥 부적

일본에서는 변소의 신이 전하는 행운을 가지고 싶어서 '금박을 입힌 똥' 부적을 사요. 이 황금빛 똥 부적은 말장난에서 유래되었어요. 일본어로 '운코(똥)'와 '운(행운)'에 모두 '운'이라는 단어가 있어, 똥이 행운의 뜻을 갖게 되었답니다.

변소의 신

일본 전통 종교인 '신도'에서는 변소에 살면서 그곳을 지키는 '변소의 신'을 믿어요. 2011년, 일본 가수 우에무라 카나가 할머니의 변소를 청소하는 내용의 노래로 큰 인기를 끌면서 변소의 신이 더욱 유명해졌지요.

공룡의 점심 메뉴

거대한 공룡의 똥 화석을 살펴볼까요? 티라노사우루스 렉스의 똥은 길이가 50cm나 돼요! 두툼한 똥 화석에서 동물의 뼈, 이빨, 나뭇조각, 나뭇잎, 씨앗, 물고기 비늘, 조개껍데기 등이 발견되어, 공룡이 뭘 먹고 살았는지 알 수 있어요. 또한 똥 화석에 뚫린 구멍들을 통해 선사 시대에 쇠똥구리가 살았다는 사실도 확인할 수 있지요.

공룡의 똥 화석(분석)

옛날의 똥 화석

과거를 연구하는 과학자에게는 똥도 중요한 단서가 돼요. 공룡의 장에서 나온 똥을 조사하면 그 공룡이 무엇을 먹고 살았는지 알 수 있거든요. 공룡 똥이 1억 년 이상 지나면 바위처럼 딱딱하게 굳은 분석(동물의 똥오줌으로 만들어진 화석)이 돼요. 또, 똥을 연구해 새로운 역사를 알아내기도 하지요. 옛 조상의 화장실을 발굴하는 과정에서 인류가 어떻게 지구 곳곳으로 널리 퍼졌는지 밝혀냈거든요.

현미경

다이아몬드 원형 톱

최초로 발견된 공룡 똥 화석
중세에는 공룡 똥 화석을 '베조아(소화되지 않고 위에 돌처럼 남은 덩어리)'라고 불렀어요. 온갖 병을 다 고칠 수 있다고 여겼지요. 공룡 똥 화석은 영국의 화석 수집가인 윌리엄 버클랜드와 메리 애닝이 최초로 발견했어요. 1829년에 버클랜드가 '분석'이라고 이름 붙였답니다.

고대 분변학자의 일
고대 분변학자(똥오줌을 연구하는 과학자)는 왼쪽 그림처럼 공룡 똥 화석을 다이아몬드 원형 톱으로 빛이 통과할 만큼 아주 얇게 잘라 평평하고 매끈하게 다듬어요. 그런 다음 현미경으로 확대해 똥 화석의 속을 자세히 관찰하지요.

똥 속에서 찾은 DNA
미국의 고고학자 데니스 젱킨스는 아시아 인종들이 알려진 것보다 1200년 앞서 북아메리카에 처음 다다랐다는 것을 알아냈어요. 오리건주 동굴에서 발견된 1만 4300년 전 똥 속의 DNA로 그곳에 아시아 인종이 살았다는 것을 밝혀냈지요.

데니스 젱킨스

사람의 똥 화석
공룡 똥 화석은 발로 차면 발가락이 부러질 만큼 단단하지만, 사람 똥 화석은 그보다 좀 쉽게 다룰 수 있어요. 고대 분변학자들은 먼저 사람 똥 화석을 세정액에 씻어, 원래의 질감과 냄새를 되살려요. 똥을 분석하면 똥 주인의 식생활이 드러나 부유했는지 가난했는지 알 수 있답니다.

불타는 똥 연료

미국 서부 지역은 나무가 드문 평원이라, 목재가 무척 귀해서 땔감으로 쓰지 않았어요. 대신 버펄로 똥에 불을 붙여 요리나 난방을 했지요. 버펄로 6천만 마리가 각각 하루에 세 양동이씩 똥을 채웠으니, 땔감이 모자랄 일은 없었어요. 똥 땔감은 카우보이들이 아메리카 원주민의 방식을 따라 하면서 지금까지 이어지고 있지요. 오늘날에도 연료가 부족한 지역에 사는 가난한 사람들은 똥 땔감을 땐답니다.

초원의 머핀

미국 서부에서는 버펄로 똥을 여러 이름으로 불렀는데, '초원의 머핀'이 가장 점잖았어요. 프랑스계 사람은 '소의 목재'로 불렀지요. 매년 가을이면 정착민 가족들은 눈이 오기 전 2주간 초원의 머핀을 주우러 다녔어요. 그렇게 모은 똥 땔감을 이듬해 봄까지 썼답니다.

땔감 줍는 여자들

옛날부터 똥 땔감 모으는 일은 주로 여성들이 했어요. 당시 이 일을 자랑스럽게 여기는 여성을 놀리는 노래가 있었지요. "저 여자를 보아요. 입을 샐쭉거리면서 우아한 손끝으로 집어 드네요. 땔감으로 쓸 버펄로 똥을."이라는 가사였어요.

똥 땔감의 좋은 점

눅눅한 똥을 태우면 지독한 냄새와 함께 연기만 나지만, 마른 똥을 태우면 산들바람에 활활 타올라요. 똥 땔감으로 불을 피우면 아주 뜨겁지는 않아도 나무를 태울 때보다 좋은 점이 있어요. 불똥이 튀지 않아 옷이나 천막 또는 마차에 불이 붙을 염려가 없거든요.

바로 쓸 수 있는 낙타 똥

사막에서 생활하는 낙타는 물을 저장하기 위해 음식물의 수분을 장에서 모조리 흡수해 몸속에 모아 둬요. 그래서 낙타 똥은 말리지 않아도 바로 불을 피울 수 있지요. 낙타 주인은 낙타가 풀을 먹으며 눈 똥을 모아 팔아요. 낙타 똥이 필요해 인도 푸시카르 낙타 시장에 온 사진 속 여성에게 말이에요.

연료보다는 비료로!

똥 땔감을 태우면 실내 공기가 연기로 오염돼 폐 질환이 생길 수 있어요. 요리할 때 퍼지는 매캐하고 독한 연기처럼요. 그래서 똥은 연료보다 거름으로 사용하는 것이 좋지요.

미국 서부에서는 똥을 태워 모닥불을 피웠어요.

한밤중 가스 폭발

1847년 어느 날 밤, 엄청난 폭발음이 안개 낀 런던 거리를 온통 뒤흔들었어요. 보도에 따르면, 하수구에서 거대한 불꽃이 맹렬히 타오르면서 지독한 악취가 퍼졌다고 해요. 폭발 원인은 하수구의 똥오줌이 썩으면서 뿜어내는 가스였지요. 오늘날에는 하수구에서 발생하는 바이오가스를 모아 다양한 분야에 사용해요. 바이오가스는 석탄과 석유 같은 화석 연료를 대신할 친환경 연료랍니다.

메탄가스 배출

소가 내뿜는 가스를 위 사진의 풍선 같은 수집 장치로 측정한 결과, 전 세계의 소들이 해마다 무려 1억 톤의 메탄가스를 트림과 방귀로 배출한다고 해요. 지구의 온도를 낮추기 위해 메탄가스를 줄이는 연구는 지금도 계속되고 있어요.

화장실의 똥오줌이 관을 통과해 바이오가스 삭임통으로 옮겨져요. 정원에서 나오는 각종 쓰레기를 삽으로 퍼서 이 통에 담기도 해요.

똥오줌 저장

대부분의 쓰레기로 바이오가스를 생산할 수 있어요. 쓰레기의 양이 많을수록 풍부한 가스를 얻을 수 있지요. 각 가정에서는 화장실에서 나오는 똥오줌을 오른쪽 그림처럼 '바이오가스 삭임통'에 모아 두었다 써요. 농장에서 나오는 소와 돼지, 암탉 등의 똥오줌으로는 산업용 바이오가스를 대량 생산하지요.

하수구에 쌓인 가스 폭발

옛날에는 도시의 땅바닥이 하수구 가스 폭발로 종종 흔들렸어요. 대부분 하수구 안에서 청소나 수리를 하던 일꾼들이 성냥불을 켜다 벌어지는 사고들이었지요. 지금은 하수구 폭발 사고가 거의 없어요. 하수구 안에 쌓인 가스를 내보내는 환기 구멍이 있기 때문이지요.

판다의 대나무 똥

중국 청도에서는 하루에 똥을 2톤씩 누는 판다들이 골칫거리였지만 지금은 판다의 똥으로 종이를 만들어 수익을 낸답니다. 판다가 먹는 대나무의 약 80%가 똥으로 나와, 종이에서 대나무 향이 나요.

5. 똥 덩이 하나를 물에 적셔 섬유질을 고루 펴고, 고운체에 거르면 축축한 종이가 돼요.

6. 축축한 종이 그대로 햇볕에 말리면 종이 완성!

똥 종이 친환경 산업

똥으로 만든 종이도 질 좋은 수제 종이 못지않아요. 모양과 냄새도 비슷하지요. 똥 종이에도 글씨를 쓰고 그림을 그리거나 인쇄할 수 있거든요. 똥 종이는 값이 비싸지만, 일자리를 늘리고 관광 수익도 낼 수 있는 새로운 산업으로서 각 지역 사회에 도움이 되고 있답니다.

똥오줌의 예술

아주 먼 옛날, 세계 최초의 예술가들은 오줌으로 그림을 그렸어요. 오줌은 어두운 동굴에서 그림을 그리다 종종 볼일을 보면 늘 쉽게 구할 수 있는 재료였거든요. 물론 오늘날에도 똥오줌으로 그림을 그리는 예술가들이 있어요. 하지만 그 이유가 좀 독특해요. 똥오줌으로 만든 작품은 일반 물감으로 만든 작품보다 훨씬 충격적이라 화제에 오르거든요. 어떤 예술가들은 자신의 문화와 뿌리를 되새기려 똥오줌을 활용하고, 쓸모없는 똥오줌으로 값을 매길 수 없는 예술품을 만드는 기쁨을 느끼기도 하지요.

동굴 벽화와 오줌

4만 년 전의 초기 예술가들은 자신이 사냥한 멋진 짐승들을 주로 그렸어요. 이때 물감 대신 빨간색, 노란색, 갈색, 검은색을 띠는 진흙으로 색칠했지요. 진흙을 바위나 동굴 벽, 천장 등에 딱 붙이려면 액체에 개야 했어요. 그래서 쉽게 구할 수 있는 오줌을 사용했지요.

똥 만드는 기계, 클로아카

벨기에 예술가인 빔 델보예는 '클로아카'라는 쓸모없는 기계를 만들었어요. 현대인의 삶이 얼마나 의미 없는지 보여 주는 작품이었지요. 로마의 대하수도 '클로아카 막시마'에서 따온 이름으로, 한쪽으로 음식이 들어가면 반대쪽으로 진짜 같은 똥이 나오는 인공 창자예요.

수도원 책의 비밀

중세 수도사들은 글에 그림을 넣은 채색 필사본을 만들었어요. 여기에도 냄새나는 비밀이 있지요. 수도원 공동 화장실에서 재료를 가져다 썼거든요. 오줌을 가열할 때 생기는 화학 물질 덕분에 시간이 흘러도 책이 바래지 않고 선명하게 유지되었답니다.

구룬시의 똥 가면

서아프리카 부르키나파소 공화국의 구룬시 민족은 세계적으로 유명하고도 가치 높은 가면을 만들어요. 이 가면으로 여러 신과 영혼, 동물 들을 표현하지요. 구룬시 예술가들은 도마뱀의 굴 속에서 모은 똥으로 흰색 물감을 만들어 가면에 칠한다고 해요.

소똥으로 만든 소

영국의 조각가인 샐리 매슈스는 소똥이 넘쳐 나는 농가에서 자랐어요. 위 사진은 양의 털과 철사 그리고 소똥이 가득 찬 양동이 8개로 실제 소와 꽤 비슷하게 만든 소 조형물이에요. 심지어 소똥 재료 때문에 냄새도 실제 소와 똑같았지요.

47

우주와 지구의 똥오줌 계획

여기까지 읽었다면, 이제 똥과 오줌의 대단한 가치를 알았을 거예요. 우리는 똥과 오줌을 현명하게 활용해야 해요. 지금 이 순간에도 지구의 자원이 자꾸 줄어들고 있거든요. 우주 비행사들은 우주에서 인류가 가져야 할 생활 습관인 '물 한 방울도 아끼고 활용하는 법'을 이미 실천하고 있어요. 그리고 지구에서도 똥과 오줌을 창의적으로 이용할 다양한 계획이 진행되고 있답니다.

우주를 떠도는 냉동 건조 똥오줌
예전에는 우주 탐사를 하다가 똥과 오줌을 밖에 버리는 임무도 있었어요. 이때 버린 오물이 지금도 지구 궤도를 돌고 있지요. 우주선이 이 오물과 부딪치면 크고 작은 손상을 입기도 해요. 고속 도로를 달리는 트럭과 충돌할 때와 맞먹는 충격을 받을 수도 있거든요.

우주 정거장의 화장실은 무중력 상태에서 똥오줌을 진공으로 빨아들이도록 정교하게 설계되었어요.

우주 비행사들은 수돗물보다 더욱 깨끗한 재활용된 오줌을 마셔요.

오줌 재활용
우주 비행사들은 2008년부터 오줌을 재활용하고 있어요. 우주선이 오물과 부딪칠 위험이 높고, 우주 정거장까지 물을 실어 운반하려면 물 한 잔에 무려 1,100만 원이나 들거든요! 우주선에는 오줌뿐 아니라 쓰고 버린 물과 땀까지 정화하는 기능이 갖추어져 있어요.

아이오와 천연 거름
비료를 만들려면 많은 에너지가 들기 때문에 석유 가격이 오르면 농부가 내야 할 비용도 커지죠. 미국 아이오와주 농부들은 화학 비료를 천연 거름으로 바꿔, 돈을 아끼고 환경도 보호하고 있어요.

디드코트의 바이오가스
영국 옥스퍼드셔주 디드코트에서는 뒷마당의 바이오가스 삭임통에서 더욱 발전시킨 무산소 삭임통을 도입했어요. 이곳 하수 처리 시설은 쓰레기로 작동되어, 200여 가구에 가스를 공급하고 있지요.

물을 쓰지 않는 화장실
전 세계의 약 40% 가구는 제대로 된 화장실이 없어요. 왼쪽 사진의 브라질 빈민가처럼요. 그래서 물 낭비 없이 똥을 연료와 비료로 안전하게 바꾸는 값싼 화장실 설계를 계획하고 있어요.

조리아의 산불 열
북부 오스트레일리아 원주민 들은 건기 초반에 작은 불들을 놓아 산불의 피해를 줄였어요. 하지만 기후변화로 산불이 커지는 것을 막기 어려워 방법을 연구하고 있어요.

똥오줌 연구를 위한 단어 풀이

거름
농작물을 비롯해 식물이 더욱 잘 자라도록 흙에 뿌리는 똥오줌이나 썩은 동식물.

거푸집
칼이나 화살 등 원하는 물건을 만들기 위한 틀. 속이 비어 있어 틀 안에 금속을 녹여 부은 뒤 굳으면 모양이 만들어진다.

고고학자
옛날 사람들이 남긴 유적과 유물을 발굴하여 생활과 문화 등을 연구하는 과학자.

고대 분변학자
과거에 사람이나 동물이 어떻게 생활했는지 밝히기 위해 화석처럼 보존되어 있는 똥을 연구하는 과학자.

당뇨병
설탕 같은 단 성분을 몸속에 저장해, 목이 마르고 자주 소변을 보게 되는 질병.

디엔에이(DNA)
생명의 탄생과 세포 활동 그리고 생물의 특징에 관한 정보가 담긴 고유한 유전 물질.

메탄가스
미생물에 의해 여러 물질이 분해되면서 나오는 기체. 소나 양이 되새김질할 때도 내뿜는다. 지구의 대기를 오염시켜 온실 효과를 일으킨다.

미생물
맨눈으로는 볼 수 없고 현미경을 써야 볼 수 있는 아주 작은 생물. 세균과 효모, 곰팡이 따위를 이른다.

바이오가스
미생물을 이용해 음식물 쓰레기나 하수구의 오물에서 생산한 연료용 가스.

바이오 고형물
하수 오물의 해로운 성분을 없앤 다음 식물에 뿌리는 비료.

박테리아(세균)
동물 또는 식물의 몸속에서 질병을 일으키거나 썩게 하는 아주 작은 생물.

방광
오줌을 모아 저장하는 동물의 몸속 기관.

분뇨
위장에서 항문 또는 방광을 지나 내보내는 고체와 액체로 된 찌꺼기. 즉, 똥과 오줌.

분뇨 수거인
늦은 밤, 거리나 하수구에서 똥오줌을 모으러 다니던 일꾼.

분석
공룡의 똥 화석처럼 동물의 똥오줌이 단단하게 굳어 만들어진 화석.

비듬
살가죽에서 떨어져 나온 회백색의 잔비늘. 특히 머리의 겉 피부에 있는 것을 이른다.

비료
식물이 더욱 잘 자라도록 흙을 비옥하게 가꿔 주는 영양 물질.

비소
옛날에 쥐약이나 잉크 등의 원료로 쓰였던, 금속 성질이 있는 독성 화학 물질.

산화제
산소를 내어 주어, 다른 물질을 산화시키는 물질.

살균
세균 등 미생물을 죽이는 것.

성지
종교적으로 신성시되는 구역. 주로 종교의 발상지나 순교, 유적이 있는 곳을 이른다.

소변 검사
질병을 확인하기 위해 소변의 성분을 살펴보고 진단하는 일.

숯
나무를 구워 만든 검은 덩어리로, 태울 때 연기가 나지 않아 실내에서 사용하는 연료.

어도비
진흙, 물, 짚, 똥오줌 등의 천연 재료로 모양을 빚어 햇볕에 말린 진흙 벽돌.

염료
옷감 등에 빛깔을 물들이는 색소.

오염
각종 물체나 자연 등이 세균, 곰팡이 같은 유해 물질로 인해 더러워진 상태.

용연향
향유고래의 장에서 나오는 똥으로, 말랑하고 끈적이는 잿빛 덩어리. 비싼 고급 음식과 향수의 재료로 쓰인다.

위장
본래의 정체나 모습이 드러나지 않도록 색이나 무늬 등을 이용해 거짓으로 꾸미는 것.

이식
몸속의 살아 있는 조직이나 장기 등을 떼어 다른 개체로 옮기는 일.

장
동물의 몸통을 길게 지나가는 큰창자와 작은창자 등의 여러 기관.

증류
끓는 온도가 서로 다른 액체 혼합물을 가열해서 순수한 물질을 분리하는 일.

처방전
의사가 질병을 치료하기 위해 증상에 따라 약을 짓는 방법을 적은 기록.

초석(질산 칼륨)
무색 결정이나 흰색 가루 형태로, 다른 재료와 섞어 불붙이면 더욱 활활 타는 폭발성 물질. 화약, 성냥, 의약품 등을 만드는 데 쓰인다.

퇴치제
해로운 벌레나 동물 등을 물리쳐 없애는 데 쓰는 약.

하수구
쓰고 버리는 더러운 물이 흘러내려 가도록 만든 도랑.

호르몬
몸에서 분비되어 핏속에 실려 몸속 구석구석을 돌아다니면서 몸속의 여러 작용을 주고받는 화학 물질.

화석 연료
수백만 년 전, 땅에 묻힌 고대 생물의 잔해에서 생겨난 연료로, 땅속에서 나오는 가스, 석탄, 석유 같은 에너지 자원.

화약
전쟁 무기나 로켓을 발사할 때 쓰이는 재료로 불붙이면 순간적인 폭발을 일으키는 화학 물질.

슬기로운 똥오줌 이야기

엄마 똥이 최고의 이유식!

다 자란 코알라는 유칼립투스 잎을 먹고 살아요. 하지만 아기 코알라는 유칼립투스 잎이 너무 질겨 소화하기 어렵지요. 그래서 엄마 코알라가 눈 똥을 먹으며 자라요. 엄마 코알라의 똥 속에는 소화를 도와주는 미생물이 있거든요. 아기 코알라에게는 엄마 똥이 최고의 이유식인 셈이에요. 태어난 지 일주일된 아기 하마에게도 엄마 하마의 똥이 꼭 필요해요. 엄마 하마의 똥 속에 요구르트처럼 소화를 돕는 미생물이 있어서 아기 하마의 소화를 도와주기 때문이랍니다.

어떤 똥이든 내게 맡겨!

소나 말이 똥을 싸면 금세 나타나 똥을 굴리는 곤충이 있어요. 쇠똥구리예요. 쇠똥구리는 똥 구슬을 굴리는 모양이 마치 태양을 움직이는 것처럼 보인다고 해서 고대 이집트 사람들에게 신성한 벌레로 추앙받았답니다. 쇠똥구리는 낮엔 태양을 등진 채 자신의 그림자를 보면서, 밤에는 은하수를 보며 방향을 잡아 똥 구슬을 열심히 굴려서 땅 속 안전한 둥지에다 옮겨요. 가져온 똥 구슬을 먹기도 하고, 그 속에다 알을 낳기도 한답니다.

왕의 변기

조선 시대의 왕들은 화장실에 가지 않고 방 안에서 볼일을 보았어요. 그래서 왕이 볼일을 볼 때 복이나인이 이동식 좌변기인 '매화' 또는 '매화틀'을 들고 들어왔지요. 매화틀은 나무로 만든 직사각형 모양에 청동제 매화 그릇을 서랍처럼 넣고 뺄 수 있도록 한쪽 부분이 뚫려 있어요. 왕이 똥을 누고 나면 복이나인은 물 항아리로 씻고 비단 수건으로 깨끗이 닦아 주었지요. 그 뒤 왕의 건강을 확인하기 위해 전의감으로 들고 가 왕의 똥을 찍어 맛보거나 농도와 색깔을 살펴보았답니다.

프랑스 왕실 애완용 당나귀 비데!

비데는 18세기 중반에 처음 등장했어요. 당시는 요즘과 달리 더운물을 담아 놓고 뒷물을 처리하는 의자와 비슷한 모양이었지요. 이 물건은 부를 과시하는 귀족들의 전유물이었어요. 당나귀를 타는 것처럼 걸터앉아 사용한다고 해서 프랑스 왕실의 애완용 당나귀를 가리켰던 '비데'로 불렀다고 해요.

• 초등 교과 《사회》 6-2 2. 통일 한국의 미래와 지구촌의 평화
(3) 지속 가능한 지구촌

오줌으로 불을 끈 소년

400여 년 전, 프랑스 병사들이 벨기에를 침략해 마을에 불을 지르자 한 소년이 오줌을 누어 불을 껐어요. 그것을 기념해 '꼬마 쥘리앙'이라는 동상이 세워졌지요. 브뤼셀을 방문하는 국빈들은 쥘리앙을 위한 옷을 만들어 갖고 와 입히는 게 관례랍니다. 또 동상이 세워진 기념일에는 물 대신 포도주를 눈다고 해요.

향수로 똥오줌 냄새를 숨겨라!

프랑스의 루이 14세는 역사상 가장 유명한 군주 가운데 한 사람이었지만 볼일을 엄청 자주 보았던 왕이었어요. 하루에 평균 15번 이상 변기에 앉았을 정도였거든요. 가끔은 때를 놓쳐 바지에 싸 버리는 바람에 언제나 몸에서 똥 냄새를 풍겼어요. 신하들은 반드시 향수를 적신 손수건으로 코를 막은 채 왕을 만났고, 루이 14세는 자신의 똥 냄새를 가리기 위해 언제나 향수를 뿌려 댔어요. 당시 귀족들은 베르사유 궁전 안에 화장실이 없어서 정원 곳곳에서 볼일을 봤답니다. 프랑스의 향수 산업은 똥오줌 냄새를 숨기기 위해 좀 더 좋은 향수가 필요하게 되어 크게 발전하게 되었다고 해요.

겨울잠 자는 곰의 비밀

곰은 겨울잠을 자는 대표적인 동물이에요. 그런데 놀랍게도 잠자는 동안 똥오줌을 누지 않지요. 곰은 겨울 준비를 끝내면 마지막에 송진을 먹어요. 그러면 송진이 딱딱하게 굳어서 똥구멍을 막아 주어 겨울잠을 자는 동안 똥을 누지 않거든요. 오줌도 몸 안에서 수분으로 사용해 몸 밖으로 내보내지 않는답니다.

예로부터 전해 오는 재미난 똥 속담

- 여물 많이 먹은 소, 똥 눌 때 알아본다 : 남모르게 감쪽같이 저지른 잘못도 세상에 드러나고야 만다는 말
- 남이 눈 똥에 주저앉는다 : 남이 잘못을 저질렀는데 자기가 애매하게 피해를 입게 됨을 이르는 말
- 우물 밑에 똥 누기 : 심술 사납고 고약한 짓을 비유적으로 이르는 말
- 똥 먹던 강아지는 안 들키고, 겨 먹던 강아지는 들킨다 : 크게 나쁜 일을 한 사람은 들키지 않고 그보다 잘못을 덜 한 사람은 들켜서 남의 허물까지 뒤집어쓰게 됨을 이르는 말
- 방귀 뀐 놈이 성낸다 : 잘못을 저지른 사람이 오히려 다른 사람에게 성냄을 비꼬는 말
- 제 똥 구린 줄 모른다 : 자기의 허물을 깨닫지 못함을 이르는 말

야생 동물들이 남긴 냄새나는 자취

고라니
Water Deer

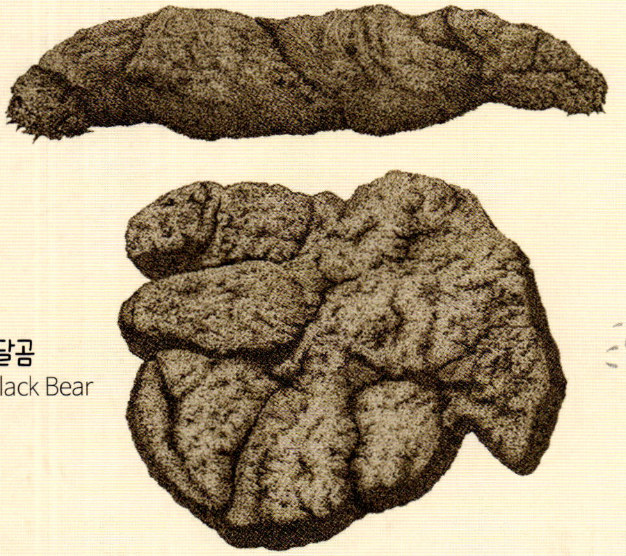

멧토끼
Korean Hare

반달곰
Asiatic Black Bear

여우
Red Fox

너구리
Raccoon Dog

글 리처드 플랫

1922년부터 과학 분야를 중심으로 어린이와 어른을 위한 다수의 책을 쓰고 있는 작가입니다. 많은 작품 가운데 《해적 일기》는 2003년 영국의 블루 피터 어린이 도서상의 '최고 이론서 상'을 수상했습니다. 지은 책으로는 《카이사르》, 《꼼짝 마, 악당들아!》, 《범죄의 현장》, 《세계의 정상, 에베레스트를 정복하다》, 《뉴욕》, 《런던》, 《베이징》 등이 있습니다.

그림 존 켈리

영국 런던의 교외에서 20년 이상 그림 작가로 활동하고 있고 현재는 작가와 디자이너로 영역을 넓히고 있습니다. 그림책, 동화, 그래픽노블, 지식 정보책 등 다양한 어린이 도서를 쓰고 그렸으며 케이트 그리너웨이 도서상 최종 후보에 두 차례 오르기도 했습니다. 《세 투덜이》를 비롯한 다수의 도서들을 쓰고 그렸습니다.

옮김 신인수

성균관대학교 대학원에서 번역학을 전공한 뒤 오랫동안 어린이 도서 편집자로 일했고, 지금은 외국의 좋은 작품을 찾아 우리말로 옮기는 일을 하고 있습니다. 옮긴 책으로는 《초등학생이 알아야 할 세계사 100가지》, 《초등학생이 알아야 할 참 쉬운 정치》, 《바다 괴물 대소동: 가짜 뉴스 이야기》, 《글로벌 경제 교실》, 《착해도 너무 착한 롤리의 일기》 등이 있습니다.

사진 제공

이 책에 자료를 싣도록 허락해 주신 분들에게 감사드립니다. 모든 저작권자를 밝히려고 애썼지만, 실수로 빠졌거나 연락이 닿지 못한 분에게 깊이 사과드립니다. 연락을 주시면, 다음 인쇄 때 수정하겠습니다.
(t=위, b=아래, c=가운데, l=왼쪽, r=오른쪽)

표지 Shutterstock/christi180884
본문 10 Getty/SSPL; 11t Art Archive(AA)/Real Biblioteca de lo Escorial; 11b Alamy/MEPL; 13t Science Photo Library (SPL)/Power and Syred; 13b Shutterstock/Vacclav; 15tl Getty AWL; 15tr Dr Rosalind M. Roland D.V.M., Right Whale Conservation Medicine Program, New England Aquarium; 15ctl, ctr, bcl & bcr Acorn Naturalists, California; 17b Shutterstock/Andreas Gradin; 18 AA/University Library, Prague/Dagli Orti; 19tl FLPA/Pete Oxford/Minden; 19tr Jpb1301/Wikipedia; 21 SPL/Dr Tony Brain; 23tl Superstock/Eye Ubiquitous; 23b Getty/de Agostini; 24 Heritage Images/Oxford Science Archive; 25 Alabama Department of Archives and History, Montgomery, Alabama; 27t Pictures From History; 27b Randhirreddy @ wik; 29ct Getty/Lonely Planet; 29lc Alamy/Paul Felix Photography; 29br AA/Dagli Orti; 30 Alamy/World History Archive; 31-AA/Kharbine-Tapabor Collection, Folas; 35 Alamy/ frans lemmens; 37t Alamy/RIA Novosti; 37cr Alamy/Tim Gainey; 38 SPL/Ted Kinsman; 39 Jim Barlow/University of Oregon; 41t Shutterstock/Jeremy Richards; 41b Getty/James L. Stanfield; 42 Corbis/Marcus Brindicci/Reuters; 44 www.SheepPooPaper.com; 45 Shutterstock/Hung Chung Chih; 46 With the kind permission of Wim Delvoye, Antwerp; 47t Alamy/Worldwide Picture Library; 47b Getty/Barcroft Media; 49t Alamy/AGStockUSA; 49tr SPL/James King-Holmes/scitechimage; 49c Getty/Universal Pictures; 49bl Alamy/James Brunker.